AF300703

SELBST-VERTRAUEN GEWINNEN

Tipps und Tricks für mehr Selbstbewusstsein im Beruf

Verfasst von Julien Duvivier

Übersetzt von Julia Buchrieser

Für die Arbeitswelt 50MINUTEN.de

SELBSTVERTRAUEN GEWINNEN — 11

Einleitung

SELBSTVERTRAUEN: DIE GRUNDLAGEN — 15

Selbstvertrauen – ein komplexer Begriff
Selbsttest: Das Gordon-Modell
Hilfe suchen
Erkennen, was man will

TOP TIPPS — 39

FAQ — 43

Wie kann man sich trauen, in einem Meeting seine Meinung kundzutun?

Wie kann man trotz Demütigungen durch den Chef selbstbewusst sein?

Wie kann man selbstbewusster werden, ohne eingebildet zu wirken?

Wie kann man seinen Chef um eine Gehaltserhöhung oder Beförderung bitten, wenn man von seinem eigenen Wert nicht überzeugt ist?

Wie kann man ein erfahrenes Team leiten, wenn man selbst erst vor kurzem sein Studium abgeschlossen hat?

Wie kann man selbstbewusst bleiben, wenn man arbeitslos ist?

Welche Haltung sollte man schwierigen Kollegen gegenüber annehmen, die sich weigern, mit einem zusammenzuarbeiten?

JETZT SIND SIE GEFRAGT! — 51

Das Interview
Erweitern Sie Ihr Netzwerk
Setzen Sie Ihre Begabungen ein

DARÜBER HINAUS 55

SELBSTVERTRAUEN GEWINNEN

- **Ziel:** sich bei seiner Arbeit behaupten und verwirklichen
- **Anwendung:** Selbstvertrauen zu haben heißt, von der natürlichen Autorität, die jedem Menschen innewohnt, Gebrauch zu machen und dadurch im Beruf Erfolg zu haben.
- **Arbeitskontext:** Karrieremanagement, Beziehungen am Arbeitsplatz etc.
- **FAQ:**
  - Wie kann man sich trauen, in einem Meeting seine Meinung kundzutun?
  - Wie kann man trotz Demütigungen durch den Chef selbstbewusst sein?
  - Wie kann man selbstbewusster werden, ohne eingebildet zu wirken?
  - Wie kann man seinen Chef um eine Gehaltserhöhung oder Beförderung bitten, wenn man von seinem eigenen Wert nicht überzeugt ist?
  - Wie kann man ein erfahrenes Team leiten,

wenn man selbst erst vor kurzem sein Studium abgeschlossen hat?
- ◦ Wie kann man selbstbewusst bleiben, wenn man arbeitslos ist?
- ◦ Welche Haltung sollte man schwierigen Kollegen gegenüber annehmen, die sich weigern, mit einem zusammenzuarbeiten?

EINLEITUNG

Die steigende Anzahl an professionellen Coaches und neuen Therapieformen zeigt deutlich, dass psychische und physische Leiden am Arbeitsplatz zu einem der größten Probleme der westlichen Welt geworden sind. Alle, angefangen bei den Chefs von Großkonzernen bis hin zu den kleinsten Angestellten, wollen sich im Beruf weiterentwickeln. Wenn das nicht so gelingt wie erwartet, staut sich der Frust darüber meist an – oft ein Zeichen von mangelndem Selbstvertrauen.

Um sein Selbstvertrauen am Arbeitsplatz zu stärken, sollte man zunächst mit einem weit verbreiteten Vorurteil aufräumen. Die französischen Psychologen und Psychoanalytiker Roland Guinchard und Gilles Arnaud (*Psychanalyse du lien au travail. Le désir de travail*) bekräftigen, dass Arbeit eine persönliche Erfahrung ist, die gemeinsam gemacht wird und nicht umgekehrt.

Dahinter steckt die immer weiter verbreitete Idee, dass der Beruf Ausdruck eines inneren, tiefen Bestrebens (einer unbewussten Kraft, die einen zum Arbeiten anregt) sein sollte, um nicht als „Arbeit" angesehen zu werden – eine notwendige Pflicht, die alle Menschen erfüllen müssen. Um sich von dem negativen Bild zu lösen, dass beim Arbeiten alle im selben Boot sitzen, zu distanzieren, sollte man herausfinden, was einen animiert und ausmacht und sich die folgende Frage stellen: Wie kann ich durch meine Arbeit an Selbstvertrauen gewinnen und mich durch sie selbstverwirklichen?

Dieses Booklet soll Ihnen dabei helfen, sich selbst die richtigen Fragen zu stellen und Wege zu finden, um die Stufen der Karriereleiter entsprechend Ihrer tiefsten Wünsche und Bestrebungen zu erklimmen. Außerdem finden Sie hier praktische Hilfsmittel für mehr Selbstvertrauen im Arbeitsalltag.

SELBSTVERTRAUEN: DIE GRUNDLAGEN

SELBSTVERTRAUEN – EIN KOMPLEXER BEGRIFF

Unterschiedliche Verständnisse des Begriffs

Selbstvertrauen als Konzept ist erstmals im 1890 publizierten Werk *Principles of Psychology* des US-amerikanischen Psychologen William James (1842-1910) zur Sprache gekommen, der als Vater der Psychologie in den USA gilt.

Ihm zufolge ist Selbstvertrauen die Meinung über sich selbst in Bezug auf das, was man getan hat. Diese Auffassung ist heute in der westlichen Welt weit verbreitet. Der Mensch wird als körperloses Objekt dargestellt und ist also denselben Gesetzen unterworfen wie ein Unternehmen oder ein Staat, deren Ergebnisse an den Umsätzen oder dem Bruttoinlandsprodukt (BIP) gemessen werden. Es handelt sich dabei um äußeres Selbstvertrauen, das auf dem äußeren Schein basiert. Seine Grenzen sind in der einfachen Tatsache zu sehen, dass selbst bei der Bewertung von Unternehmen und Staaten immer mehr das Wohlbefinden der Angestellten/Bürger miteinbezogen wird.

Betrachtet man Selbstvertrauen wie William James von diesem behavioristischen Standpunkt aus, wird der Mensch anhand seiner Taten bzw. seines gesamten Verhaltens und von außen beobachtbaren Ergebnissen definiert. Wenngleich es richtig ist, dass berufliche Erfolge, die an konkreten und sichtbaren Ergebnissen gemessen werden, das Selbstvertrauen stark beeinflussen, stellt sich trotzdem die Frage, ob diese Definition nicht etwas zu eng gefasst ist und sich zu sehr an festen Kategorien orientiert. Sind Gewinner nicht auch irgendwann mal Verlierer gewesen und umgekehrt?

ZUSATZINFORMATION: BEHAVIORISMUS

- Der Behaviorismus ist ein psychologischer Ansatz, der Anfang des 20. Jahrhunderts entstanden ist. Die Psyche eines

Menschen wird dabei auf sein Verhalten, seine Geschichte und Interaktionen mit seinem Umfeld hin untersucht.

Es existiert auch ein anderes Verständnis von Selbstvertrauen, das sich – ohne die Analyse von äußeren Verhaltensweisen als maßgebenden Faktor auszuschließen – mit dem Glauben an sich selbst beschäftigt. Mit dieser Auslegung kann man Selbstvertrauen als Gesamtheit von Merkmalen sehen, die der erste Ansatz nicht zulässt. An sich selbst zu glauben bedeutet gleichzeitig, seinen Wünschen, Hoffnungen, seiner Kraft und der eigenen Handlungsfähigkeit zu vertrauen. So entwickelt man sich selbstsicher in der Überzeugung, dass in einem eine Kraft schlummert, die nicht unbedingt bewiesen werden muss. Und es ist genau diese Energie, die es einem ermöglicht, einen positiven Einfluss auf die Welt zu haben und sich zu behaupten.

Die Konstellation des Selbstvertrauens

Der französische Psychoanalytiker und Psychosoziologe Jean-Claude Liaudet führt in seinem Werk *Croire en soi ou la confiance perdue et retrouvée* (2004) den Begriff der „Konstellation des Selbstvertrauens" ein. Dazu stellt er die folgenden Fragen: „Was ist der Unterschied zwischen Selbstvertrauen, Selbstwert und Selbstliebe? Wodurch trägt Selbstkenntnis zu Selbstvertrauen, Selbstsicherheit und Selbstbehauptung bei?"[1]

Man neigt häufig dazu, Selbstvertrauen, Selbstwert und Selbstliebe mit Selbstsicherheit, Selbstbehauptung, Selbstakzeptanz und Selbstkenntnis zu verwechseln. Die Wörter scheinen dasselbe zu bezeichnen und gerade dieses Vermengen führt dazu, dass man nicht begreift, warum man in Situationen am Arbeitsplatz, die einem das Selbstvertrauen rauben, nicht so reagieren kann, wie man es möchte. Um zu verstehen, was die Elemente der „Konstellation des Selbstvertrauens" ausmacht, wird diese im Folgenden als Prozess betrachtet.

---

1. Übersetzt für 50Minuten.de

Die Konstellation des Selbstvertrauens

Selbstkenntnis

„Kenne dich selbst" – diese Bedingung ist unerlässlich, wenn man die Selbstkenntnis auf einer **soliden Basis** aufbauen möchte. Dieser lebenslange Weg ermöglicht ein verstärktes Bewusstsein seiner Möglichkeiten und Grenzen.

Selbstakzeptanz

Dieser Begriff ist der Selbstkenntnis nahe – man sollte sich so akzeptieren, wie man ist und auch das sehen, was einem nicht gefällt, ohne es abzulehnen oder in Selbstanklagen zu versinken. Diese **Klarsichtigkeit** ermöglicht es zudem, seine positiven Eigenschaften bescheiden wahrzunehmen.

Selbstliebe

Dieses Konzept übersteigt jedes moralische Urteil: **Ich bin fähig, mich selbst so zu lieben, wie ich bin.** Ich bin mir meiner Fehler bewusst und nutze dieses Wissen, um mich täglich zu verbessern und meinem Umfeld von Nutzen zu sein.

Selbstvertrauen

Es ist ein Gefühl von **Sicherheit**. Wie ein Kind seinen Eltern blind vertraut, weiß der Mensch, dass er sich auf sich selbst verlassen kann.

Selbstwert

In Wertschätzung steckt der Begriff **Wert**, dem zufolge ein Mensch wirtschaftlich, moralisch, spirituell etc. etwas wert ist.

Selbstbehauptung (Durchsetzungsfähigkeit)

In der Arbeitswelt ist Durchsetzungskraft das Must-Have jedes Menschen, der in seiner Branche als Experte anerkannt werden will. Es ist im Falle von Schwierigkeiten nicht notwendig zu manipulieren, jemanden anzugreifen oder zu flüchten: Sie haben genug Vertrauen in sich selbst, **um Ihre Führungsposition mit Wohlwollen und Autorität durchzusetzen** und dabei Ihre Grenzen und die Grenzen anderer respektieren zu können.

Obwohl die Begriffe in ihrer Definition deutlich voneinander unterschieden werden, versteht es sich von selbst, dass sie ineinandergreifen und miteinander interagieren. Daher sollte das Beschriebene nicht als fixer Prozess angesehen werden, dessen einzelne Schritte unveränderlich sind. Entsprechend des Hintergrunds und den Besonderheiten des jeweiligen Menschen muss ein angemessener Weg zur Stärkung des Selbstvertrauens gefunden werden.

SELBSTTEST: DAS GORDON-MODELL

Thomas Gordon (1918-2002) war ein US-amerikanischer Psychologe und Pionier der Konfliktlösung. Er stützte sich weitgehend auf die Arbeiten seines Landsmannes Abraham Maslow (1908-1970) zur Bedürfnisbefriedigung und führte das „Win-win"-Konzept ein. Ihm zufolge hat die Suche nach Verständnis für den anderen direkten Einfluss auf die Selbstbehauptung.

Das Gordon-Modell kann all denjenigen von Nutzen sein, die sich selbst besser kennenlernen wollen, um im Beruf an Selbstvertrauen zu gewinnen. Mithilfe dieses Modells kann ein Selbsttest zum eigenen Selbstvertrauen durchgeführt werden, um einen Ansatz für die Selbstreflexion zu finden.

Dabei sollten Sie so spontan wie möglich auf eine Reihe an Aussagen (beispielsweise „Das Leben besteht nur aus Machtverhältnissen und Kämpfen", „Ich kann zuhören, ohne den anderen zu unterbrechen", „Wenn ich nicht einverstanden bin, kann ich das neutral sagen und verschaffe mir Gehör" etc.) mit „trifft eher zu" oder „trifft eher nicht zu" im Hinblick auf Aussagen über Ihr Arbeitsumfeld antworten. Aus diesen Antworten wird sich eine allgemeine Tendenz Ihrer Reaktionen auf Situationen, die Ihr Selbstvertrauen auf die Probe stellen, ergeben: eher flüchtend, aggressiv, manipulativ oder durchsetzungsstark.

GUT ZU WISSEN

Die Begriffe Durchsetzungskraft und durchsetzungsstarkes Verhalten wurden in den USA im Bereich der Psychologie und Psychiatrie eingeführt und im 20. Jahrhundert von der Persönlichkeitsentwicklung übernommen. Durchsetzungsstark zu sein bedeutet, sich zu behaupten und seine Rechte zu verteidigen und ist daher klar von den Verhaltensweisen der Flucht, Unterwerfung und Manipulation abgegrenzt.

Dieser Test verfolgt keinesfalls die Intention, Ihnen eine versteckte Wahrheit über sich selbst zu offenbaren. Im Gegenteil soll er Ihnen dabei helfen über Ihr aktuelles Verhalten bei der Arbeit nachzudenken, Ihnen so Verbesserungsmöglichkeiten aufzeigen und einen Prozess in Gang setzen, der Sie einen großen Schritt weiterbringen kann.

HILFE SUCHEN

Zu erkennen, dass es einem an Selbstvertrauen mangelt und zu beobachten, wie sich diese Schwäche äußert, ist bereits ein wichtiger Schritt. Die Ursachen festzustellen und mithilfe eines introspektiven Ansatzes für Verbesserung zu sorgen, ist jedoch wesentlich mühseliger.

In dieser Phase können verschiedenste fundamentale Fragen auftauchen: Bin ich wirklich für diese Arbeit geschaffen? Wie kann ich mich in meinem Beruf trotz der vielen Schwierigkeiten weiterentwickeln? Wie kann ich mich neu orientieren, ohne meine Karriere aufs Spiel zu setzen? Es ist schwierig, ohne Hilfe von außen eine Antwort auf diese Fragen zu finden.

Coaching

In den 1990er Jahren war das Coaching noch den Führungspersönlichkeiten großer Unternehmen vorbehalten, die ihr Image verbessern wollten. Seit den 2000er Jahren hat sich die Praxis des Coachings jedoch etabliert (wovon zahlreiche professionelle Zertifizierungen von einer Fülle an unterschiedlichen Ausbildungsstätten zeugen) und eine wesentlich größere Anzahl an im Management tätigen Personen hat nun Zugang zu dieser Form des Karriereantriebs.

Im Gegensatz zu Psychoanalyse und Therapie erfolgt die Begleitung durch einen Coach maximal während einiger Monate und erste Resultate sollten so schnell wie möglich sichtbar sein. Auch wenn die Inanspruchnahme eines Coachs für Personen, die vor nicht fundamentalen Problemen stehen, nützlich sein kann, ist Coaching nicht geeignet für Menschen, die gar kein Selbstvertrauen haben. Tatsächlich hilft das Coaching auch in Kombination mit zertifizierten Techniken wie der Neuro-Linguistischen Programmierung (NLP) selten dabei, sich von dem zu befreien, was einen davon abhält, sich auszudrücken. In diesem Fall dauert die Stärkung des Selbstvertrauens länger und verlangt zweifellos die Konsultation eines Spezialisten.

GUT ZU WISSEN

Die Neuro-Linguistische Programmierung (NLP) ist zusammengesetzt aus verschiedenen Praktiken (unter anderem Kybernetik, Neurophysiologie, Linguistik und Hypnose), deren Ergebnis der Manipulation durch Suggestion ähnlich ist: Jeder Mensch (man selbst eingeschlossen) sollte als zu beeinflussendes oder zu programmierendes Objekt begriffen werden. Mithilfe dieser Methode kann zwar ein gewisser Erfolg bei der Umsetzung eines präzisen Ziels erzielt werden, sie trägt aber nicht zur Verbesserung des Selbstbildes und des Bildes von anderen bei.

Therapie

Wenn man also wissen will, warum man sich bei der Arbeit nicht behaupten kann, ist eine intensive Suche nach den Ursachen des „Nicht-an-sich-selbst-Glaubens" erforderlich. Zu lernen, sich selbst besser kennenzulernen, sich zu akzeptieren und sich zu mögen ist keineswegs eine Vorgehensweise, die nur dazu dient, sich im Beruf weiterzuentwickeln.

Wenn man bei der Arbeit kein Vertrauen zu sich selbst hat, macht man oft den Fehler, die Schuld auf die Person zu schieben, die einen kleinmacht oder verunsichert. Man sieht nicht über das vor einem liegende Problem hinaus, das man oft unbewusst selbst verursacht hat. Diese Flucht bringt einen von den wirklich wichtigen Fragen ab: Warum glauben diese Menschen, dass sie einfach in mein „Territorium" eindringen können? Woher kommt mein fehlendes Selbstvertrauen?

Um sich selbst und andere nicht weiter zu beschuldigen und um Wiederholungslogiken zu erkennen, durch die man sich im Kreis dreht und nicht weiterkommt, muss man die Wurzel allen Übels finden, indem man die Ursachen für das mangelnde Selbstvertrauen erkennt. Häufig liegen diese in der Kindheit, sodass nur mit einer Therapie der eigentliche Leidensgrund festgestellt werden kann, der einen davon abhält, sein volles Potenzial auszuschöpfen.

Die Wahl von Psychotherapie, Psychoanalyse oder Verhaltenstherapie hängt von der Einschätzung des Einzelnen ab. Die einzige Regel besteht darin, den richtigen Therapeuten auszuwählen: Zusätzlich zur angewandten Methode (die Ihnen entsprechen sollte), sollte die jeweilige Person Vertrauen in Ihnen erwecken, damit Sie Lust verspüren, einen Teil des Weges mit ihr gemeinsam zu gehen (denn dies kann einige Monate bis hin zu mehreren Jahren in Anspruch nehmen).

ERKENNEN, WAS MAN WILL

Die Wiederherstellung des Selbstvertrauens besteht allgemein in der Konfrontation mit den Hindernissen, die einen von seinem Traumberuf abbringen. Man sollte seine Berufung erkennen und bei der Arbeit sein ganzes Potenzial ausnutzen und sich seinen Zielen, auch – und vor allem – den unbewussten, nähern können. Dieses innere Bestreben ist oft unter einem Haufen von Überzeugungen begraben, die einem seit der Geburt eingeredet wurden. Der Satz „Du wärst ein guter Arzt, mein Sohn" kann genauso zerstörerisch auf einen Jungen wirken, der Bäcker werden möchte, wie das klassische „Du taugst zu nichts".

„*Lekh Lekha*" (Genesis 12:1): Dieser hebräische Ausdruck bedeutet „Finde dich selbst". Die göttliche Anordnung für den ersten Patriarchen Abraham sucht seinesgleichen. Dieser wird aufgefordert, alles zu verlassen (Land, Familie, Heimat), um in das Land zu gehen, das sein Gott ihm versprochen hat. Der Ausdruck wird oft so wiedergegeben: „Gehe fort aus deinem Land", kann aber wörtlich mit „Finde dich selbst" übersetzt werden. Nur indem man zu sich selbst findet und sich höheren Zielen annähert, die weder die Familie noch das Umfeld (noch die Kollegen!) definieren können, gewinnt man an Selbstvertrauen.

Nein sagen lernen

Die französische Psychotherapeutin Isabelle Filliozat spricht in ihrem Buch *Die Intelligenz der Gefühle* (2000) von einer positiven Wut, der alle Menschen ihren Lauf lassen sollten, um ihren wahren Bestrebungen näher zu kommen und zu lernen, sich selbst zu behaupten. Diese gesunde Wut auszudrücken hilft dabei, nicht mit systematischer Konfliktvermeidung (Flucht, Verweigerung) oder einer gewalttätigen Antwort (Beschuldigungen als Reaktion auf Angriffe) zu reagieren. Sie besteht daher in der Selbstbehauptung ohne Zurückweisung und Verurteilung von anderen und drückt sich durch die Verwendung des Pronomens „ich" anstatt dem anschuldigenden „du" aus.

Die Autorin bringt in ihrem Buch das Beispiel einer Frau, die unter dem Verhalten ihres frauenfeindlichen Vorgesetzten leidet. Ihr zufolge besteht der Ausdruck dieser positiven Wut darin, zu sagen: „Wenn Sie mich ‚meine Kleine' nennen, fühle ich mich unwohl, weil ich Ihre Wertschätzung als Chef spüren möchte. Ich würde es bevorzugen, wenn Sie mich bei meinem Namen nennen, dann würde mir auch die Arbeit mit Ihnen leichter fallen."[2]

---

2. Übersetzt für 50Minuten.de

Um ja sagen zu lernen, ist es unerlässlich, die Phase der von Carl Gustav Jung (Begründer der analytischen Psychologie, 1875-1961) so genannten „Individuation" zu durchlaufen. Dazu sollte man Beziehungen, in denen der andere versucht, einen einzunehmen und es einem nicht gestattet, seine Komfortzone zu verlassen, beenden.

DER IMPULS DES URSPRÜNGLICHEN LEBENS

„Wenn ein Kind geboren wird, hat es Vertrauen in das Leben[3]", erklärt Jean-Claude Liaudet in seinem Werk *Dolto expliquée aux parents* (1998). Darin steckt ein Zeichen, das in allen Menschen (zumindest einmal) Ausdruck findet: ein Impuls des Lebens, ein elementares Vertrauen in das, was passiert. Die Geburt ist vor allem ein Glaubensakt, die erste Manifestierung des Selbstvertrauens und die Verweigerung des Todes. Bevor man den Eltern gratuliert, sollte man das Neugeborene mit dem Wohlwollen und der Anerkennung begrüßen, die es verdient. Es hat mit Vertrauen das überstanden, was Spezialisten als erstes Trauma

---

3. Übersetzt für 50Minuten.de

beschreiben, die erste Konfrontation mit der Wirklichkeit. Dies sollte man sich vor Augen führen, wenn man auf dem Weg zur Stärkung des Selbstvertrauens im Beruf auf Schwierigkeiten und Hindernisse trifft.

Dieser Schritt erscheint kurzfristig furchterregend und wenig lohnend zu sein. Man riskiert viel und ist nicht sicher, ob man das Gewünschte auch erhält. In Wirklichkeit gibt es keine andere Möglichkeit. Stellen Sie sich bei Isabelle Filliozats Beispiel vor, dass die Angestellte sich mehr Verantwortung wünscht. Glauben Sie, dass sie es sich leisten kann, ihren Chef in die Schranken zu weisen? Macht sie sich durch ihre Suche nach Weiterentwicklung, ohne die Angelegenheit zu klären, nicht weiter von diesem Mann abhängig? Das, was sie auf dem Papier an Weiterentwicklung gewinnen würde, ist in Wirklichkeit eine größere Abhängigkeit von seiner missbrauchten Autorität.

GUT ZU WISSEN

Individuation ist ein zentraler Begriff in Jungs Denken, den man als natürlichen Werdegang des psychologischen

Individuums oder eines anderen Wesens der kollektiven Psychologie definieren könnte. Der erste Schritt der Individuation ist die „Differenzierung": Jung zufolge kann man kein freies Individuum werden, ohne nein zu sagen, da man sich dadurch seinem Gesprächspartner oder einer Gruppe gegenüber als vollwertige, „differenzierte" Person positioniert.

Zu seinen Zielen zurückfinden

Zu glauben, sich selbst perfekt zu kennen, ist ein großer Fehler. Jeder, der sich ehrlich und ernsthaft mit seiner Persönlichkeit auseinandergesetzt hat, kann Ihnen sagen, dass diese Überzeugung ganz und gar nicht der Wahrheit entspricht. Vielmehr muss man seine Persönlichkeit sowie die Ziele, die man zu haben glaubt, dekonstruieren, um sich selbst und der Arbeit gegenüber authentischer zu werden. Dafür muss man es wagen, seine Überzeugungen, Denkschemata und Beziehungen in Frage zu stellen; kurz gesagt, alles, was zur versteckten Wahrheit gehört und einen davon abhält zu verstehen, was sich wirklich in der einen oder anderen Situation abspielt.

So gesehen kann jedes Problem bei der Arbeit der eigenen Analyse dienen. Dabei müssen drei Phasen unterschieden werden:

1. **Die Beobachtungsphase:** In welcher Situation, welcher Person gegenüber und auf welche Art und Weise zeigt sich Ihr Mangel an Selbstvertrauen bei der Arbeit? Führen Sie ein Tagebuch über Ihre Beobachtungen. Verwirrende Situationen in Worte zu fassen wird Ihnen dabei helfen, einen Sinn in dem Chaos zu finden. Idealerweise gewöhnen Sie sich von Beginn an daran, in drei Schritten vorzugehen: das Problem aufzeigen (a), Emotionen sammeln (b) und alles festhalten, was Ihnen in den Sinn kommt (c). Beispiel:

> Ich habe heute mit Herrn B. zu Mittag gegessen. Eine Tortur! Ich weiß nicht, warum ich mich in Gegenwart dieses Mannes so unwohl fühle (a). Mir war heiß; ich wusste nicht, wohin mit meinen Händen; ich hatte ständig Angst, bloßgestellt zu werden (b). Eine Stimme in meinem Ohr sagte mir die ganze Zeit: „Er wird gleich bemerken, dass du nicht das Zeug dazu hast, sein Vermögen zu verwalten. Wie könnte ein Mann in dieser Position Vertrauen in jemanden wie dich haben?" (c)

2. **Die Analysephase**: Ist es richtig, zu glauben, dass diese Situation oder Person Ihnen schaden kann? Woher kommt diese Angst? Sie müssen Ihre Gefühle mit der Realität der Situation konfrontieren und sich auf das konzentrieren, was in Ihrem Inneren geschieht. Warum sorgt diese Situation dafür, dass Sie Ihr Selbstvertrauen verlieren? Welche Situation aus der Vergangenheit erleben Sie dadurch erneut? Was sagt Ihnen die Stimme in Ihrem Kopf? Um das Tagebuch weiterzuführen, können Sie folgende Analyse machen:

> Was hat dieser Mann getan, wodurch ich mich unwohl gefühlt habe? Ich weiß nicht … Außer der Tatsache, dass er viel besser gekleidet war als ich, hat er nicht den Eindruck gemacht, mir schaden zu wollen. Er schien sogar wohlwollend gestimmt zu sein. Allerdings ein bisschen zu sehr … Es ist komisch, ich habe das Gefühl, dass er mir zeigen wollte, dass er besser ist als ich. Das erinnert mich an die Abendessen im Familienkreis: Wenn ich von meinem Tag erzählt habe, unterbrach mein Vater mich ständig und wollte mich übertrumpfen. Ich sagte mir oft, dass ich gegen ihn nie eine Chance haben würde. Ich fühlte mich wie ein Versager.

3. **Die tatsächliche Handlungsphase:** anders denken, sprechen und arbeiten. Wenn Sie von Ihrem Empfinden Abstand genommen haben und in der Wirklichkeit angelangt sind, ist bereits ein großer Teil der Arbeit getan. Sie haben zwar immer noch das unangenehme Gefühl von mangelndem Selbstvertrauen, aber Sie haben die Situation bereits entmystifiziert und verfügen über Mittel zu ihrer Entschärfung. Die innere Stimme, die Sie verunsichert, wurde zum Schweigen gebracht. Sie haben einen Prozess in Gang gesetzt, der Ihnen hilft, die Situation anders anzugehen. So könnte das Ergebnis der Arbeit nach einigen Wochen aussehen:

> Herr B. ist heute ins Büro gekommen. Es ist lustig, denn ich habe meine Eltern letzten Sonntag besucht und erkannt, dass mein Vater ständig den Wettstreit mit mir sucht. Als ob er sich von mir bedroht fühlen würde. Ich habe mit ihm darüber gesprochen; obwohl wir uns nicht einig geworden sind, hat es mir unheimlich gut getan darüber zu reden! Diesen Morgen konnte ich Herrn B. wie ein anderer Mensch begegnen. Er wollte mich einschüchtern, indem er sein Leben dramatisiert, das ist seine Art Vertrauen aufzubauen ... Aber jetzt stört mich das überhaupt nicht mehr,

Seine Ziele ausdrücken

Sich zu trauen, auf das zuzugehen, was einem wirklich gefällt; sich zu trauen, ein Risiko durch das Ausdrücken seiner Ziele einzugehen erfordert einen Aufwand, der einem unnatürlich erscheinen mag. Es ähnelt dem Risiko, seiner heimlichen Liebe seine Gefühle zu gestehen. Man riskiert, zurückgewiesen, nicht beachtet oder ausgelacht zu werden. Aber wenn man dieses Risiko nicht eingeht, bleibt man in einem Wunschdenken verhaftet, in dem man glaubt zu wissen, was der andere denkt, und die Illusion hat, das gleiche zu wollen.

Sich mit der Wirklichkeit zu konfrontieren ist immer vorteilhaft. Sich zu trauen, einer Person zu sagen, was sie verdient hat zu hören, zeugt von Selbstvertrauen und zeigt dem anderen, dass man ihn respektiert. Wenn man sich selbst an Einbildungen klammert („Er/

Sie wird mich abwimmeln, wenn ich ihm/ihr von meinem Wunsch nach Weiterentwicklung erzähle"; „Mein Teamleiter hat nicht den Mut, die Personalabteilung um meine Versetzung zu bitten"; „Ich mache meine Arbeit anscheinend nicht gut genug, da er/sie mir nie große Projekte anvertraut" etc.), sperrt man auch den anderen ein.

- „Nutze deine Chance, ergreife dein Glück und geh Wagnisse ein. Wenn sie dich sehen, werden sie sich daran gewöhnen.[4]" (René Char, *Œuvres complètes*) Manchmal sind die Personen im nahen Umfeld die ersten, die einen unbewusst an seinem Weg zweifeln lassen. Am Arbeitsplatz kann es ein Kollege sein, der es nicht gewohnt ist, einen entspannt und dynamisch zu sehen; ein Vorgesetzter, der das Gefühl hat, die Kontrolle zu verlieren etc. Jeder wird Sie auf seine Art und mehr oder weniger bewusst darauf hinweisen, dass Sie ihm Angst machen und dass er das nicht

---

4. Übersetzt für 50Minuten.de

mag ... Sie sollten akzeptieren, dass es manche stört, wenn Sie Selbstvertrauen an den Tag legen. Sie werden sich daran gewöhnen und vielleicht sogar Freude dabei empfinden.

Auch wenn es nicht leicht ist, andere über seine Ziele (im Beruf aufzusteigen, die Arbeitsmethode zu verändern, anders zu kommunizieren etc.) in Kenntnis zu setzen, ist es dennoch befreiend und sinnstiftend.

Einem Vorgesetzten von seinen Zielen zu erzählen, macht einem oft Angst und zahlreiche Faktoren können einen davon abhalten, seine Chance zu nutzen. Auch wenn es richtig ist, dass der Wiederherstellungsprozess des Selbstvertrauens nicht an einem Tag vonstattengeht, tragen Sie es in sich und müssen sich dessen lediglich bewusst werden.

Der Wunsch nach dem Traumberuf ist eine Sinnsuche, die es Ihnen ermöglicht, sich selbst besser kennenzulernen, sich zu akzeptieren, wie Sie sind und solides Selbstvertrauen zu gewinnen.

TOP TIPPS

- **Nehmen Sie sich nach der Arbeit Zeit für sich** und machen Sie beispielsweise Sport oder besuchen Sie eine kulturelle Veranstaltung. Das wird Ihnen helfen, etwas Abstand zum Alltag zu gewinnen. Es kommt oft vor, dass man durch eine neue Aktivität plötzlich mehr Selbstvertrauen hat.
- **Befreien Sie sich von „Flüchen"** wie „Ich bin fett", „Ich bin dumm", „Ich war schon immer faul" etc. Stellen Sie Ihre Gefühle auf den Prüfstand, indem Sie alles auf Papier notieren, was Ihnen in den Sinn kommt. Wenn die Gedanken nicht von Ihnen selbst kommen, sondern Ihnen eingeredet wurden, sollten Sie das Papier zerreißen und wegwerfen. Sie sind frei!
- **Atmen Sie!** Konzentrieren Sie sich regelmäßig auf Ihre Atmung. Holen Sie tief Luft und atmen Sie langsam aus, während Sie den Luftstrom in Ihrem Körper visualisieren. Diese Übung verhilft Ihnen zu mehr innerer Sicherheit.
- **Achten Sie auf Geist und Körper.** Versuchen Sie, sich gesund zu ernähren und vermeiden Sie

möglichst aufputschende Getränke (Kaffee, Limonaden). Lernen Sie, Ihren Körper als heiligen Tempel anzusehen, den Sie mit Sorgfalt behandeln sollten.

- **Machen Sie eine To-do-Liste.** Schreiben Sie täglich realistische Ziele auf. Wenn Sie eine Aufgabe erledigt haben, können Sie sie durchstreichen und die Zufriedenheit genießen, die die Umsetzung eines Zieles mit sich bringt.
- **Führen Sie eine Erfolgsbox ein.** Man neigt dazu, Erfolge schnell wieder zu vergessen. Gewöhnen Sie sich an, kleine Zettel in eine Dose oder Box zu werfen, auf denen Sie Ihre täglichen Erfolge notiert haben.
- **Wiederholen Sie für sich selbst „Ich bin ein toller Mensch".** Nehmen Sie sich Zeit, sich jeden Morgen im Spiegel zu betrachten und diesen Satz zu sagen, als ob Sie ihn zu Ihrem Partner sagen würden. Ein Auszug aus dem Buch der Psalmen besagt, dass man in dieser Formel auch die Essenz zur Selbstliebe findet: Jeder Mensch ist gleichzeitig einzigartig und unperfekt und hat etwas Wunderbares an sich. Sie werden sich zurecht davon überzeugen!
- **Beteiligen Sie sich nicht an Klatsch und Tratsch sowie Machtspielen.** Diese können

zwar unterhaltsam sein, sind aber ein schlechtes Ventil für Ihre Gefühle, wodurch Sie in einen Teufelskreis geraten, der Sie von der Umsetzung Ihrer Ziele abbringt, und damit für Unzufriedenheit sorgen kann.

- **Nehmen Sie sich Zeit für Pausen.** Egal, wie viel Arbeit Sie haben, nehmen Sie sich zumindest 10 Minuten pro Halbtag Zeit, um komplett abzuschalten (auch um Abstand von Ihrem Smartphone zu nehmen) und nutzen Sie diese Zeit: Machen Sie einen Spaziergang, sprechen Sie bei einem Tee oder Kaffee mit Kollegen, lesen Sie etwas etc.
- **Nehmen Sie sich frei.** Jeder Mensch, der arbeitet, hat das Recht darauf und die Pflicht, wenn er gutgelaunt sein und sich bei der Arbeit verantwortungsvoll zeigen will.

FAQ

WIE KANN MAN SICH TRAUEN, IN EINEM MEETING SEINE MEINUNG KUNDZUTUN?

Sie sollten sich zuerst darüber bewusst werden, dass man nicht alles sagen sollte. Fragen Sie sich also zuerst, ob die Frustration darüber, dass Sie sich nicht trauen, etwas zu sagen, durch Schüchternheit ausgelöst wird oder ob sie eher mit dem Wunsch gehört und anerkannt zu werden einhergeht, auch wenn Sie nichts Sinnvolles zu den besprochenen Themen beitragen können.

Im ersten Fall sollten Sie einfach ins kalte Wasser springen. Man kann lernen, vor anderen zu sprechen; es gibt Techniken dafür, einführende Sätze, die Sie vorbereiten können. Viele charismatische Persönlichkeiten waren sehr schüchtern oder haben in ihrer Kindheit sogar gestottert. In letzterem Fall sollten Sie etwas tiefer gehen, um zu erkennen, woher diese existenzielle Leere kommt, die Sie dazu bringt, um jeden Preis gehört werden zu wollen. Vermeiden Sie es während dieser Zeit vor anderen zu sprechen, da es sein kann, dass Sie nur reden, ohne dabei etwas auszusagen.

WIE KANN MAN TROTZ DEMÜTIGUNGEN DURCH DEN CHEF SELBSTBEWUSST SEIN?

Wenn Ihr Vorgesetzter Sie demütigt, dann zweifellos aus mangelndem Selbstvertrauen ... aus ihm eigenen Gründen. Das Beste, was Sie tun können, ist, das Gespräch mit ihm zu suchen und zu betonen, dass Sie diese Situation so nicht weiterbringt. Möglicherweise ist der Austausch zwischen Ihnen konstruktiv und Sie tun sich beiden etwas Gutes. Andererseits könnte durch dieses Gespräch auch ein Konflikt entstehen, aber Sie haben zumindest Ihre Wünsche geäußert und an Sicherheit gewonnen. Wenn sich die Situation verschlimmert, können Sie einen Betriebsrat oder jemanden aus der Personalabteilung zu Rate ziehen.

WIE KANN MAN SELBSTBEWUSSTER WERDEN, OHNE EINGEBILDET ZU WIRKEN?

Achten Sie darauf, dass Ihr Selbstvertrauen nicht überhandnimmt: Dies deutet nämlich meist auf eine „Überkompensation" hin, die durch mangelndes Selbstvertrauen entsteht. Wenn Sie Ihre Schwächen nicht berücksichtigen und andere für Ihre Probleme verantwortlich machen sowie sich selbst die gesamte Anerkennung für eine im Team geleistete Arbeit vorbehalten, werden Ihre Mitarbeiter dies nicht nur für persönliche Angriffe halten, sondern Sie werden überdies jegliche Glaubwürdigkeit verlieren.

WIE KANN MAN SEINEN CHEF UM EINE GEHALTSERHÖHUNG ODER BEFÖRDERUNG BITTEN, WENN MAN VON SEINEM EIGENEN WERT NICHT ÜBERZEUGT IST?

Hier zeigt sich der Sinn der Erfolgsbox (siehe „Top Tipps"): Nehmen Sie sich regelmäßig Zeit, um über Ihre Erfolge zu reflektieren. Ob sie nun messbar sind oder nicht – sie sind wichtige

Argumente, die Sie Ihrem Vorgesetzten gegenüber vorbringen können, um Ihr Gesuch zu rechtfertigen. Beachten Sie, dass jeder dieser Bezeichnung würdige Chef oder Teamleiter froh ist, seinem Team seine Wertschätzung zeigen zu können: Die Anerkennung, die Sie verdient haben, nicht zeigen zu können, ist für ihn eine Quelle der Frustration. Geben Sie Ihrem Chef diese Chance!"): Nehmen Sie sich regelmäßig Zeit, um über Ihre Erfolge zu reflektieren. Ob sie nun messbar sind oder nicht – sie sind wichtige Argumente, die Sie Ihrem Vorgesetzten gegenüber vorbringen können, um Ihr Gesuch zu rechtfertigen. Beachten Sie, dass jeder dieser Bezeichnung würdige Chef oder Teamleiter froh ist, seinem Team seine Wertschätzung zeigen zu können: Die Anerkennung, die Sie verdient haben, nicht zeigen zu können, ist für ihn eine Quelle der Frustration. Geben Sie Ihrem Chef diese Chance!

WIE KANN MAN EIN ERFAHRENES TEAM LEITEN, WENN MAN SELBST ERST VOR KURZEM SEIN STUDIUM ABGESCHLOSSEN HAT?

Dass Sie eingestellt wurden zeigt, dass man es Ihnen zutraut, mit den Schwierigkeiten des Jobs fertigzuwerden. Zeigen Sie Ihre situationsbezogene Intelligenz: Jemand, der gegen Ihre Autorität rebelliert, glaubt vermutlich, dass er von Ihnen nichts lernen kann. Und das stimmt auch zum Teil, denn er kennt sich in seinem Bereich besser aus als Sie. Zeigen Sie ihm, dass Sie sein Fachwissen schätzen. Ein Team zu leiten bedeutet vor allem ein Zusammenspiel von Wissen und Können zu schaffen, um so Ziele zu erreichen.

WIE KANN MAN SELBSTBEWUSST BLEIBEN, WENN MAN ARBEITSLOS IST?

Was einem oft während der Zeit als Arbeitsloser fehlt, ist ein Rahmen und soziales Leben. Strukturieren Sie Ihren Tagesablauf. Organisieren Sie Ihren Zeitplan und lassen Sie sich nicht von der Leere verschlingen. Wechseln Sie zwischen der Zeit für die Arbeitssuche und Ruhezeiten ab, setzen Sie sich realistische Ziele, treffen Sie sich mit Freunden etc. Nutzen Sie die Zeit, um Ihren Kopf frei zu bekommen und machen Sie Dinge, von denen Sie bei der Arbeit immer geträumt haben. Ohne schlechtes Gewissen!

WELCHE HALTUNG SOLLTE MAN SCHWIERIGEN KOLLEGEN GEGENÜBER ANNEHMEN, DIE SICH WEIGERN, MIT EINEM ZUSAMMENZUARBEITEN?

Beziehungen am Arbeitsplatz können sehr kompliziert sein und erinnern manchmal an das, was sich auf dem Pausenhof abspielt. Das ist auch genau das, was oft passiert: Ihre Kollegen spielen Szenarien aus der Vergangenheit erneut durch … und Sie wahrscheinlich auch! Wenn Gespräche nicht helfen, sollten Sie ihr Spiel nicht mitspielen, sondern den notwendigen Abstand nehmen, indem Sie sich selbst helfen oder Hilfe bei einem Spezialisten suchen. Wenn die Situation unerträglich wird, sollten Sie mit kompetenten Personen am Arbeitsplatz oder mit dem medizinischen Personal des Unternehmens sprechen. Manchmal blähen sich die Vorfälle auf, wenn Sie nicht sofort einschreiten.

JETZT SIND SIE GEFRAGT!

DAS INTERVIEW

Bitten Sie fünf (wohlwollende) Personen auf die untenstehenden Fragen zu antworten. Sie werden eine ungefähre Vorstellung von dem Bild erhalten, das Ihr Umfeld von Ihnen hat. Benutzen Sie die Antworten, um an sich zu arbeiten.

- Wenn Sie mich kurz vorstellen müssten, was würden Sie über mich und meine Arbeitsweise sagen?
- Über welche Kompetenzen verfüge ich?
- Führen Sie ein Beispiel einer Situation an, in der sich eine dieser Kompetenzen gezeigt hat.
- Wenn Sie mir Ratschläge für meine weitere Karriere geben müssten, welche Ratschläge bezüglich Verbesserungsmöglichkeiten und Weiterkommen im Beruf würden Sie mir geben?

ERWEITERN SIE IHR NETZWERK

- Sie interessieren sich für einen Job in einer Firma? Sie kennen jemanden, der Ihnen Genaueres darüber sagen kann? Trauen Sie sich, ihn zum Mittagessen einzuladen, nutzen Sie diese Chance, mehr über die Stelle zu erfahren. Sie sollten sich nicht schuldig fühlen, diese Person „zu benutzen". Sie ist sicher gerne bereit, Sie in Kontakt zu bringen, Ihnen Informationen zu liefern etc.
- Vernachlässigen Sie berufliche Netzwerke wie LinkedIn nicht. Nehmen Sie sich Zeit zu schauen, welche Jobs es in Ihrem Bereich gibt, knüpfen Sie virtuelle Beziehungen mit Menschen, die eines Tages eine konkrete Rolle für den Fortschritt Ihrer Karriere spielen können.
- Behandeln Sie Praktikanten und junge Mitarbeiter nicht herablassend: Sie sollten mit allen so umgehen, wie Sie es sich auch für sich selbst wünschen. Außerdem könnte jeder dieser Mitarbeiter Ihnen eines Tages den Rücken stärken.

SETZEN SIE IHRE BEGABUNGEN EIN

- Alle sagen Ihnen, dass Sie singen können? Schreiben Sie sich bei einem Chor ein oder nehmen Sie Gesangsstunden.

- Man sagt Ihnen, dass Sie einen grünen Daumen haben? Legen Sie einen Gemüsegarten oder eine Pflanzenmauer an.
- Sie haben Lust, Klavier spielen zu lernen? Das ist kein Zufall – Sie sollten es versuchen.

Diese unausgedrückten Begabungen können zu Frustrationen führen, die Sie zweifellos bei der Arbeit auslassen. Leben Sie Ihre Kreativität aus, um Ihre Beziehung zur Arbeit zu entspannen.

DARÜBER HINAUS

LITERATURVERZEICHNIS

- Bellanger, Lionel: *Développez votre confiance en vous*. ESF éditeur: Nogent-le-Rotrou 2009.

- Bibel: *Parole de vie*. Société biblique française: Villiers-le-Bel 2000.

- Char, René: *Œuvres complètes*. Gallimard: Paris 1983.

- Filliozat, Isabelle: *Die Intelligenz der Gefühle: endlich im Einklang mit sich selbst leben und handeln*. Bechtermünz-Verlag: Augsburg 2000.

- Gordon, Thomas: *Das Gordon-Modell*. Heyne Verlag: München 1998.

- Guinchard, Roland in Zusammenarbeit mit Gilles Arnaud: *Psychanalyse du lien au travail. Le désir de travail*. Elsevier Masson: Paris 2011.

- Lacroix, Marie-José: *Vivre et travailler avec des personnalités difficiles*. InterÉditions: Paris 2013.

- Liaudet, Jean-Claude: *Croire en soi ou la confiance perdue et retrouvée*. L'Archipel: Paris 2004.

- Liaudet, Jean-Claude: *Dolto expliquée aux parents*. L'Archipel: Paris 1998.

- Pasini, Willy: *Être sûr de soi*. Odile Jacob: Paris 2002.

WEITERFÜHRENDE LITERATUR

- *Erfolgscoach:* „Selbstvertrauen und Motivation – Glauben Sie an sich!". *Finanzen. Karriere. Management. Focus.de.* https://www.focus.de/finanzen/karriere/management/erfolgscoach/selbstvertrauen-und-motivation_aid_131284.html (24.05.2019).

- Mai, Jochen: „Selbstbewusstsein stärken: Mehr Selbstvertrauen gewinnen". *Selbstbewusstsein. Selbstvertrauen. Job & Psychologie. Karrierebibel.de.* (30.01.2017). https://karrierebibel.de/selbstbewusstsein-selbstvertrauen/ (24.05.2019).

- Zengil, Anil: „Wie du an dich selbst glaubst und endlich Selbstzweifel hinter dir lässt". *An sich selbst glauben lernen. Gedankenpower.com.* https://www.gedankenpower.com/an-sich-selbst-glauben-lernen/ (24.05.2019).

MEHR AUF 50MINUTEN.DE

- Bronckart, Véronique: *Selbstbehauptung. Tipps für gelungene Kommunikation auf Augenhöhe.* Aus dem Französischen von Mareike Lobeck. Plurilingua Publishing: Brüssel 2019.

SCHMÖKERN
SIE SICH SCHLAU!

www.50Minuten.de